Género Artículo persuasivo

Pregunta esencial

¿En qué medida los avances científicos pueden ser útiles o perjudiciales?

LA BATALLA CONTRA LAS PLAGAS

Linda Bennett

Capítulo 1
Control de las plagas 2

Capítulo 2
Un milagro químico 5

Capítulo 3
Protección del medioambiente 8

Capítulo 4
Alimentos seguros para el futuro 11

Respuesta a la lectura 15

LECTURA COMPLEMENTARIA **Cómo hacer un huerto orgánico** . . . 16

Glosario/Índice. 19

STEM **Enfoque: Ciencias** 20

CAPÍTULO 1

CONTROL DE LAS PLAGAS

Hace unos 10,000 años, las personas comenzaron a cultivar. Desde entonces, se han tenido que enfrentar a las plagas. Los insectos, la maleza y las enfermedades han atacado los cultivos.

Las personas usaban diferentes sistemas para mantener alejadas a las plagas. En la Antigua Grecia fumigaban sus casas con sulfuro para deshacerse de los insectos. En China usaban arsénico para ahuyentar a las plagas de jardín.

Los pueblos antiguos cultivaban sus propios alimentos.

A veces se presentaban brotes de plagas que eran muy destructivos. En el siglo XIII en Egipto, grandes enjambres de langostas devoraron y destruyeron los cultivos.

En 1845 en Irlanda, los cultivos de papa contrajeron una enfermedad llamada tizón tardío. Las papas se pudrían en la tierra. El tizón tardío produjo una **hambruna** y murió cerca de un millón de personas.

Las papas con tizón tienen un olor terrible.

Una forma de ayudar a alejar las plagas es la rotación de cultivos. Consiste en rotar, o mover, los cultivos por diferentes campos cada año. Esto permite que el suelo descanse y que las enfermedades no prosperen tan fácilmente.

Los científicos también han inventado pesticidas para enfrentar las plagas. Los pesticidas son químicos que matan las plagas. ¿Pero cómo se desarrollaron los pesticidas modernos y qué tal funcionan?

AHORA COMPRUEBA

¿Cómo han controlado las personas a las plagas?

Los granjeros fumigan con pesticidas para proteger sus cultivos.

CAPÍTULO 2

UN MILAGRO QUÍMICO

En 1939, los científicos descubrieron que un químico llamado DDT mataba los insectos. El escarabajo de la papa moría cuando se fumigaba con DDT.

El escarabajo de la papa se come las plantas de papa.

El DDT también mataba piojos. Los piojos eran frecuentes entre los soldados estadounidenses durante la Segunda Guerra Mundial (1939–1945). Los piojos transmitían tifus, una enfermedad. Al matarlos, el DDT evitaba la transmisión del tifus.

El DDT mataba cientos de insectos diferentes. La gente creía que el DDT ganaría la guerra contra los insectos que destruyen los alimentos y trasmiten enfermedades.

¿Cómo funcionan los pesticidas?

Todos los animales son controlados por su sistema nervioso. Los pesticidas paralizan el sistema nervioso del insecto, no se puede mover ni respirar y muere.

En la década de 1950, el DDT se rociaba sobre las personas para mantener alejados a los mosquitos. Entonces se pensaba que los pesticidas como el DDT, no hacían daño a las personas.

Los científicos querían hacer otros pesticidas, para proteger los cultivos contra las plagas y las enfermedades. Hicieron avances. Fabricaron herbicidas para matar la maleza. Además, los científicos desarrollaron cultivos resistentes a los herbicidas. Si los granjeros fumigaban con herbicidas, la maleza moría, pero los cultivos, no.

Los insecticidas se desarrollaron para matar las plagas de insectos. Estos insecticidas no eran venenosos para los insectos útiles, como las abejas que ayudan a polinizar las flores.

Mientras los científicos hacían estos avances, la agricultura cambiaba. Los granjeros sembraban solo uno o dos tipos de cultivos, en lugar de muchos. Cultivaban en campos más extensos. Usaban máquinas grandes. Se podían cultivar y **cosechar** más alimentos.

El uso de pesticidas se hizo común. Una nueva máquina permitió a los granjeros fumigar con químicos los cultivos, mientras conducían por los campos. Uno de los pesticidas con los que fumigaban era el DDT.

AHORA COMPRUEBA

¿Cómo se desarrollaron los pesticidas modernos?

También se usan aviones para fumigar los cultivos con pesticidas.

CAPÍTULO 3

PROTECCIÓN DEL MEDIOAMBIENTE

Algunas personas estaban en desacuerdo con el uso de pesticidas. Pensaban que los químicos venenosos iban a permanecer en los alimentos.

En 1962, Rachel Carson escribió el libro *Primavera silenciosa*. En él describía cómo el DDT perjudicará a animales, como los pájaros y también a las personas.

Carson explicó que el DDT se queda en el medioambiente por mucho tiempo, después de haberse usado solo una vez. Mostró cómo se acumula en los animales y cómo entra en la **cadena alimentaria**. Además, explicó que el DDT mata a todos los insectos, incluso los que son buenos para el medioambiente.

Después de la publicación de *Primavera silenciosa*, muchas personas protestaron contra el uso del DDT.

Detective del lenguaje **En el texto subrayado, ¿en qué tiempo está el verbo? ¿En qué persona?**

La obra de Carson iba a cambiar la opinión de las personas sobre los pesticidas. Comenzaron a preguntarse cuáles eran peligrosos.

La obra de Carson contribuyó a la creación de la Agencia de Protección del Medioambiente de Estados Unidos (EPA, por sus siglas en inglés) en 1970. Esta agencia iba a proteger nuestro medioambiente. En 1972, la EPA prohibió el uso del DDT en Estados Unidos.

El DDT se usaba para matar muchas plagas de insectos.

Detective del lenguaje

En el texto subrayado, el verbo indica futuro: ir + infinitivo. Busca otro ejemplo en esta página.

La EPA continúa estudiando los pesticidas. Se asegura de que estos no sean dañinos para las personas o para el medioambiente.

Los **activistas** medioambientales sienten todavía preocupación por el peligro de los pesticidas. Hacen que las personas tomen conciencia sobre el medioambiente.

AHORA COMPRUEBA

¿Por qué algunas personas se preocuparon por los pesticidas?

La fumigación de manzanas

En 1986, se descubrió que un pesticida llamado Alar producía cáncer en ratas. Alar se usaba para fumigar manzanos. Muchas personas dejaron de comprar manzanas. Les preocupaba que sus hijos tuvieran cáncer. Algunos granjeros comenzaron a cultivar manzanas sin usar pesticidas. La EPA prohibió el uso de Alar en 1989.

Muchas personas se involucraron en la lucha contra el uso de pesticidas.

CAPÍTULO 4

ALIMENTOS SEGUROS PARA EL FUTURO

Algunos crisantemos mantienen alejados a los insectos de manera natural.

Los científicos ayudan a los granjeros a encontrar modos seguros para proteger los cultivos. Un sistema consiste en cultivar plantas con ciertas peculiaridades. Por ejemplo, los científicos han desarrollado plantas resistentes a algunas enfermedades. Las plantas jóvenes heredan esta resistencia de las plantas madre. Los cultivos futuros también van a estar protegidos contra las enfermedades.

Los biólogos también buscan insectos útiles. Una avispa diminuta ayuda a controlar un insecto llamado taladro del maíz. La avispa pone sus huevos en los del taladro y así los mata.

Los científicos también desarrollan pesticidas naturales que no matan a los insectos con veneno, sino que los mantienen alejados de la planta. También se eliminan fácilmente y no se quedan en el suelo. Las granjas **orgánicas** los usan.

La perspectiva a favor de los pesticidas

Los granjeros solo pueden usar los pesticidas que el gobierno considera seguros. Si comes frutas cultivadas en un huerto donde se han usado pesticidas, las frutas no tendrán bichos ni enfermedades.

Los pesticidas evitan que las plagas destruyan los cultivos. Impiden que tragedias como la hambruna de la papa en Irlanda vuelvan a ocurrir.

Los pesticidas son un sistema económico y fácil de protección de nuestras fuentes de alimentos. Aseguran que tengamos suficiente alimento.

Una manzana que ha sido fumigada con pesticidas no tendrá bichos.

La perspectiva en contra de los pesticidas

Los granjeros orgánicos usan la rotación de cultivos para ayudar a controlar las plagas de insectos. Usan pesticidas naturales que no dañan los cultivos ni la tierra. Los granjeros orgánicos también intentan atraer insectos útiles a sus granjas.

Los alimentos orgánicos son más saludables que aquellos cultivados con pesticidas. Los alimentos orgánicos son totalmente naturales y seguros.

Las granjas orgánicas son también lugares más seguros y saludables para los trabajadores, que las granjas que no son orgánicas. Los trabajadores no inhalan aerosoles tóxicos. El uso de pesticidas es malo para nuestra salud y para el medioambiente.

En las granjas orgánicas hay diversos cultivos.

La población mundial crece día a día. Necesitamos producir alimentos suficientes para todos. Los granjeros necesitan proteger sus cultivos de las plagas. También necesitamos un suministro de alimentos que sea seguro para el consumo.

Debemos equilibrar estas importantes necesidades y evitar dañar el medioambiente. Los granjeros, los científicos y las comunidades pueden trabajar juntos y hacer un futuro saludable para todos nosotros.

AHORA COMPRUEBA

¿Cómo protegen las personas los cultivos sin usar pesticidas químicos?

Respuesta a la lectura

Resumir

Usa detalles importantes de *La batalla contra las plagas* para resumir la selección. Usa el organizador gráfico como ayuda.

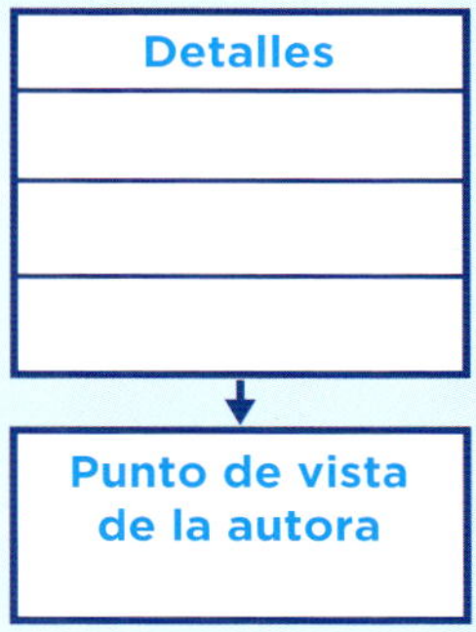

Evidencia en el texto

1. ¿Cómo sabes que el texto en las páginas 12 y 13 es persuasivo? **GÉNERO**

2. ¿Qué piensa la autora sobre el uso de pesticidas? Da ejemplos del texto para apoyar tu respuesta. **PUNTO DE VISTA DE LA AUTORA**

3. La palabra *biólogos* en la página 11 contiene la raíz griega *bio*, que significa "vida". ¿Qué significa *biólogos*? Explica cómo te ayudaron las claves de contexto y conocer el significado de la raíz. **RAÍCES GRIEGAS**

4. Escribe acerca del punto de vista de la autora sobre Rachel Carson y *Primavera silenciosa*. **ESCRIBIR SOBRE LA LECTURA**

Género Texto con instrucciones

Compara los textos

Lee acerca de cómo la jardinería orgánica enfrenta las plagas del huerto.

Cómo hacer un huerto orgánico

Cómo preparar tu huerto

Los jardineros orgánicos usan formas naturales para mantener sus huertos saludables. Sigue estos pasos para hacer un huerto orgánico.

1. Demarca tu huerto con cuerda o piedras.
2. Después, remueve la tierra y retira las malezas. Busca lombrices. Ellas cavan túneles en la tierra. Esto permite que el aire y el agua lleguen a las raíces de la planta.
3. Por último, mezcla compost con hojas caídas, restos de pasto y cáscaras de vegetales.

Se pueden usar excrementos de lombriz en el compost.

Cómo plantar tu huerto

Ahora estás listo para plantar. Si siembras, usa semillas orgánicas. Si plantas, escoge plantas de semillero orgánicas. Deja suficiente espacio entre las plantas.

Las catarinas mantienen las plantas libres de pulgones.

Escoge algunas plantas para repeler las plagas de insectos. El ajo ahuyenta al escarabajo japonés. El cilantro repele los pulgones y las moscas blancas.

Algunas plantas atraen a los insectos útiles. Los pulgones se comen las hojas de las plantas. Pero insectos como las catarinas se comen a los pulgones. Esto mantiene a la planta libre de plagas.

Cómo cuidar tu huerto

Deshierba tu huerto con frecuencia. Asegúrate de arrancar toda la maleza. Volverá a crecer si se deja parte de la raíz.

Puedes hacer fumigantes naturales para ahuyentar a las plagas dañinas. Rociar sal y agua caliente repele a las orugas y a los gusanos del repollo.

La jardinería orgánica es divertida y también es buena para el planeta.

Cultivar vegetales es una actividad divertida.

Haz conexiones

¿De qué manera el cultivo de un huerto orgánico evita el uso de pesticidas perjudiciales? **PREGUNTA ESENCIAL**

Compara las técnicas que se usan en los cultivos comerciales con las de la jardinería orgánica. **EL TEXTO Y OTROS TEXTOS**

Glosario

activista persona involucrada en una acción política ***(página 10)***

cadena alimentaria sistema de los seres vivos en un medioambiente en el que dependen unos de otros para alimentarse ***(página 8)***

cosechar recoger el producto del cultivo cuando está listo ***(página 7)***

hambruna escasez extrema de alimentos ***(página 3)***

orgánico natural; que no usa químicos ***(página 11)***

Índice

Agencia de Protección Medioambiental (EPA), *9, 10*

DDT, *5-9*

jardinería orgánica, *11, 13, 16-18*

perspectiva a favor de los pesticidas, *12*

perspectiva en contra de los pesticidas, 13

pesticidas naturales, *11, 13, 18*

Primavera silenciosa, *8*

rotación de cultivos, *4, 13*

Enfoque:

Ciencias

Propósito Mostrar cómo los pesticidas pueden tener consecuencias positivas y negativas

Procedimiento

Paso 1 Con un compañero o una compañera, investiga un pesticida que se use hoy.

Paso 2 Haz una lista en dos columnas. Enumera los beneficios de usar este pesticida en una. Enumera los argumentos en contra en la otra.

Paso 3 Conversa con tu compañero o compañera. ¿Cuáles son los argumentos a favor de usar tu pesticida? ¿Cuáles son los argumentos en contra? Usa verbos persuasivos que muestren tu opinión sobre cada argumento.

Paso 4 Presenta tu pesticida a la clase. ¿Cómo funciona? ¿Dónde y cómo se usa?

Conclusión Después de investigar los argumentos a favor y en contra de usar el pesticida, ¿con cuál estás de acuerdo?